Como transformar sonhos em objetivos

Coltri Junior

NovaHévila
Despertando o ouro que há dentro de você!

Dados Internacionais de Catalogação na Publicação (CIP)

(Douglas Rios – Bibliotecário – CRB1/1610)

C725c
    Coltri Júnior, Claudinet Antônio..
     Como transformar sonhos em objetivos: rumo à
vida que você quer ter./ Claudinet Antônio Coltri
Júnior. 1ª edição. Cuiabá-MT: Nova Hévila, 2020.

    ISBN 978-65-991607-0-7

    1. Objetivos de vida. 2. Sonhos. 3. Projeto de
vida. I. Título.
                       CDU 159

DEDICATÓRIA

Livro dedicado a todas aquelas pessoas que são realizadoras, que buscam sempre concretizar os seus sonhos.

CONTEÚDO

AGRADECIMENTOS

Agradeço a Alessandra Coltri pela revisão do livro, ao Henrique Coltri, à Fernanda Coltri e ao Danilo Remiro Ganzert pelo auxílio na produção da capa, e ao meu mais pequenino filho, o Gabriel Coltri, que, junto com meus outros filhos e minha esposa, me dá forças para continuar.

Agradecimento especial ao meu amigo Douglas Rios pelo apoio editorial.

PREFÁCIO

Um dos hábitos das pessoas altamente eficazes, trazidos por Covey (2004), é o "Comece com um objetivo em mente".

Um dos versos da canção Pensamento do Cidade Negra (BERNARDO, 1994) diz que "sempre que para você chegar terá que atravessar a fronteira do pensar".

Portanto, o princípio e o primeiro filtro de toda a realização está no que passa em nossas cabeças, como pensamos, a qualidade desse pensamento e para o local ou situação para a qual o direcionamos.

Assim, esta obra tem por objetivo indicar caminhos e princípios para organizar o pensamento em função da vida que cada um quer ter.

Espero que ajude você a visualizar novas possibilidades de encontrar o seu lugar no mundo e que possa enxergar realmente a vida que você quer ter.

Boa leitura!

INTRODUÇÃO

Segundo Arntz (2007), os sumérios diziam que deuses se comunicariam por todo o planeta de modo mágico. O que seriam, para eles, a TV, o rádio, o telefone e o streaming na internet? Pura magia!

O que é a cura de uma doença? Não fazemos nada diretamente. Tomamos alguns cuidados, alguns remédios e, na maioria das vezes, nos curamos das enfermidades. Os profissionais de saúde são formados e treinados para cuidarem, indicarem e guiarem essas medidas. Assim, processos internos de defesa se manifestam por si, de modo mágico.

Uma planta, por exemplo, desde que encontre as condições adequadas (naturalmente, ou com nossa interferência), nasce e cresce sozinha. Não adianta ir lá e puxar para cima. É ela quem cresce. E mais, contra a lei da gravidade, mesmo que seja a mais leve gramínea.

Assim, a primeira coisa que precisamos é ressignificar o conceito de magia. Albert Einstein já dizia que "só há duas maneiras de viver a vida: a primeira é vivê-la como se milagres não existissem; a segunda é viver como se tudo fosse um milagre". Eu vivo como a segunda e este livro é um manual para ensiná-lo(a) como fazê-lo. E você, como vive?

CAPÍTULO UM

Comece com um objetivo em mente

1 COMECE COM UM OBJETIVO EM MENTE

Quando falamos assim, parece que o sucesso, seja lá o que ele for para uma pessoa, tem início na definição do objetivo. Sim, não deixa de ser verdade.

A grande questão é o ângulo de visão. Imagine que o objetivo seja um ponto distante de sua vista. Quanto mais você o aproxima de seus olhos, mais áreas internas aparecerão. Com o objetivo também é assim.

Se aplicarmos um efeito zoom nele, veremos nuances, fases, processos, que resultarão no objetivo em si. O todo é composto de partes integradas, fiadas, entrelaçadas.

Assim, para que possamos definir o nosso objetivo, precisamos entender como esse processo funciona. Ele, assim como tudo, é feito de ferramentas (físicas e/ou emocionais), energias, equipamentos (materiais e orgânicos), dentre outros.

Qual é o principal equipamento utilizado para definirmos um objetivo? Se, sempre que para você chegar terá que atravessar a fronteira do pensar, a resposta é: nosso cérebro, nossa mente.

Portanto, para que tenhamos sucesso, precisamos aprender a como utilizar essa estrutura fantástica que é a nossa mente.

Em sendo assim, a primeira coisa a fazer é entender seu tipo de mentalidade (também conhecido como mindset).

Segundo Dweck (2016), temos dois tipos de mindset: o fixo e o de crescimento.

No primeiro, a pessoa estabelece um padrão para si mesma em função de seus resultados. Quando tudo está indo bem, tem alta autoestima, se orgulha de si mesma, se vê como uma pessoa de valor.

Porém, em momentos de fracasso (e aqui vai um "segredo": todos nós, sem exceção, de um jeito ou de outro, em uma área ou outra da vida, passamos por momentos ruins – o fracasso é inevitável em nossas vidas), ela se ausenta, se esconde, não vê alternativa.

Como tem o pensamento fixo, ou pensamento verde, não amadurecido, como diria Roberto Manzoni, na voz do "Molejão" ou do Branca di Neve (MANZONI, 1994): "tem um pensamento verde, seu presente não dá futuro, o seu papo é furado, seus amigos são grilados", quando está tudo correndo bem, tem a impressão de que nada poderá dar errado em sua vida.

Por outro lado, quando as coisas não estão indo bem, acha, da mesma forma, que tudo continuará assim. Para esse tipo de pessoa, o futuro é uma mera extrapolação do passado.

O grande problema delas é que não entendem o caos. Segundo o Dicionário Etimológico da Língua Portuguesa (CUNHA, 2010), caos significa "escuro, vazio e ilimitado, que precede e propicia a geração do mundo".

Importante entender que o vazio é em espaço, mas não em insumo. Se não fosse assim, não se poderia criar o mundo dentro dele. Portanto, no caos, há espaço ilimitado para o mundo que você quiser e entender ser bom para você. Há, também, insumos sem limites.

O que ocorre é que, em nossa cabeça, eles estão dispersos, desorganizados, sem ordem. É como aquela pessoa que não se acha no supermercado. Os produtos estão organizados conforme uma lógica adotada pela empresa, mas a pessoa tem dificuldade em encontrá-los por não entender a lógica adotada. Assim, vê o caos e não sabe sair dele, nem utilizá-lo a seu favor.

Por outro lado, quem tem mindset de crescimento vê o mundo de outra maneira. Ele sabe que o sucesso não é eterno, então age para mantê-lo, mesmo passando por momentos de fracasso. Em fases ruins, acalma a cabeça e o coração para encontrar os insumos dentro do caos e gerar um mundo novo para sua vida.

A grande questão é que, se você está com o pensamento verde, fixo, imutável, seja no sucesso ou no fracasso, mudá-lo e amadurecê-lo é uma questão de decisão. Só com o mindset de crescimento é que se pode encontrar ordem no caos.

Então, se você está com o pensamento verde, fixo, imutável, seja no sucesso ou no fracasso, mudá-lo e amadurecê-lo é uma questão de decisão. Só com o mindset de crescimento é que se pode encontrar ordem no caos.

Voltamos à questão do início do capítulo: já que é dessa forma, como encontrar essa ordem? Obviamente, começando com um objetivo em mente. Se você não sabe para onde vai, na verdade, nenhum caminho serve.

Assim, a primeira coisa é mudar a mentalidade: é preciso estar em estado de mindset de crescimento. É preciso saber que as coisas podem ser diferentes. E, como diria Pitty (2003): "isso não é uma questão de opinião".

Então, como amadurecer essa mentalidade? Embora se inicie com uma decisão, ela, também, está sob o efeito de processos. Entendê-los, nos dá consciência e conhecimento substancialmente forte para que possamos entender em qual chão estamos pisando.

Vamos, portanto, aumentar um pouco mais o zoom e entender essa lógica nos próximos capítulos deste livro.

REGRA 01

Entre em estado de mindset de crescimento.

14

CAPÍTULO DOIS

15

Faz um milagre em mim

2 FAZ UM MILAGRE EM MIM

Há uma história já antiga e de conhecimento de muitos, mas é importante trazê-la aqui.

Um dia, uma forte chuva caiu sobre uma cidade. Um senhor, dentro de uma casa, rezava para Deus. Logo, alguns vizinhos passaram na casa e o chamaram, pedindo que as acompanhassem, já que a previsão era de muita chuva e que tudo ali iria inundar. O homem, então, se negou, dizendo: "Deus vai me salvar". Os amigos, respeitando a decisão e a crença dele, foram embora.

Não tardou para a casa começar a inundar. Quando a água já tomava mais de um metro de altura da área interna da residência, outras pessoas foram de barco resgatar o senhor. Ele, mais uma vez se negou a acompanhá-las, dizendo a mesma frase: "Deus vai me salvar".

Com a chuva cada vez mais forte, a água foi tomando mais rapidamente o interior da casa. O homem, então, conseguiu subir no telhado, à espera de um milagre, da salvação Divina. Com a água já chegando no telhado, um helicóptero veio até o senhor. Jogaram a escada e pediram que ele subisse, já que rapidamente a chuva iria provocar a submersão da casa toda. Mais uma vez, a negação ao socorro. A fala foi a mesma: "Deus vai me salvar".

Como era de se esperar, a história teve um final trágico. Pior que isso foi que, ao chegar ao céu, o homem estava revoltadíssimo com Deus, já que, com tanta confiança que tinha, não foi salvo.

Foi quando Deus, então, disse a ele: "eu inspirei seus vizinhos a passarem lá para te chamar, mas você não quis; enviei um barco para te buscar e você negou; providenciei um helicóptero só para você, mas, em função de toda a sua teimosia, se recusou a me atender; queria que eu fizesse mais o quê?"

O fato é que muitas pessoas esperam por milagres. Mas, o que é o milagre?

A palavra milagre origina-se do latim mirare, que deu origem à palavra mirar. Mirare significa digno de admiração, estranho, maravilhoso. Milagre, por sua vez, é entendido como "feito extraordinário que vai contra as leis da natureza".

Tudo aquilo que não é entendido por nós é estranho. Portanto, a estranheza está mais ligada àquilo que sentimos do que de fato a coisa é. A banda Nenhum de Nós canta em Extraño: "O que eu sinto a respeito dos homens é estranho / [...] / É estranho como eu perdi a fé".

Portanto, achar estranho é sentimento. Admiração também. Há pessoas admiradas por uns, detestadas por outros. Turistas admiram lugares comuns para quem lá vive.

A maravilha tem o mesmo significado. Ficar maravilhado com algo é um sentimento que vai se perdendo pela relação cotidiana com aquilo, aquele ou aquela. Assim, a admiração, a estranheza e a maravilha estão relacionadas à novidade ou à raridade que, por sua vez, estão ligadas a quem vê, não ao fato, coisa, ou pessoa em si.

Da mesma maneira é o milagre, por ser um feito extraordinário (e extraordinário para quem?). Quando desconhecemos algo, ou quando vivenciamos um fato raro para nós, chamamos de extraordinário (fora do comum).

Assim, se o extraordinário for maravilhoso, basta nos educarmos para que possamos ver a beleza naquilo que nos é de costume. Assim, ver, falar, ouvir, sentir gosto, se torna extraordinário; viver, então, nem se fala. O problema é que nos acostumamos com o milagre em nossa vida.

Relembrando o que falamos sobre os sumérios (na introdução), naquela época, tivessem contato com a internet, com a TV, com o rádio, com o telefone, abruptamente, considerariam um milagre, pura magia.

Alguns podem achar que, ao tentarmos desvendar os mistérios, estamos desacreditando de Deus. É muito pelo contrário: a magia, o milagre, é um processo que ocorre sem que conheçamos sua origem, nem suas leis.

Se acreditamos em Deus como ser criador, é óbvio que as leis foram criadas por ele. Dessa forma, descobri-las, é apenas reafirmar a onipresença da Divindade. Deus, ao criar o mundo, já o fez com suas normas, suas regras. Elas não são originadas pelos cientistas, muito pelo contrário, são descobertas por eles.

A ciência tem como principal papel desvendar e explicar esses mistérios, essas leis até então desconhecidas. Quando as desvendamos, aquilo passa a parecer corriqueiro, natural. E é. Mas, também, não deixa de ser mágico.

Assim, os milagres, as magias, em si, independente de como vemos o mundo, ocorrem a todo momento, seja nas mãos de médicos, dentistas, fisioterapeutas, enfermeiros e todos os profissionais de saúde que assim agem; na fala do psicólogo, dos professores; no seu cérebro quando lê um livro, assiste a uma aula; enfim, em tudo. Porém, para tê-los e vê-los, é preciso estar presente, desejá-los e aceitá-los como tal.

Enfim, o milagre é como um sanduíche: você pede, Deus age, você aceita. Se não confiar no processo, não se beneficiará.

Enfim, o milagre é como um sanduíche: você pede, Deus age, você aceita. Se não pedir, não será atendido(a). Se não confiar no processo, poderá desistir antes da hora. Se não enxergar, ou aceitar o resultado, por muitas vezes vir não da forma como queremos, mas sim do jeito que necessitamos, não se beneficiará.

Com o entendimento do que é e de como funciona o milagre, fica a pergunta se efetivamente podemos fazê-lo acontecer. Se podemos, somos mágicos. Se não podemos, não somos.

Você é mágico?

CAPÍTULO TRÊS

Você é mágico?

3 VOCÊ É MÁGICO?

O grande problema da nossa forma entender as coisas é que, quando estamos em um processo de aprendizagem, acabamos por significá-las, via de regra, do nosso jeito. Preocupamo-nos muito em entender o que o interlocutor quer dizer, mas não efetivamente o que ele disse.

Dentro desse prisma, há uma passagem nas escrituras que diz que Deus nos criou à sua imagem e semelhança. Se ele é criador, também somos. Ele nos deu a capacidade de criar nosso mundo, só que dentro das regras naturais que Ele estabeleceu. Cabe a nós descobri-las e utilizá-Las como fontes criativas e criadoras.

Assim, como Deus opera milagres e age de modo mágico, também podemos fazê-lo. Ele nos deu essa permissão. É a sua intencionalidade ao nos criar. Porém, junto a isso, nos deu o livre arbítrio. Podemos ou não fazê-lo. Vai de cada um. A decisão é nossa!

A grande questão é que, por não entendermos o processo da magia, achamos que só pessoas especiais podem fazer algo extraordinário. Mas, no fundo, o extraordinário é entender os procedimentos, seus nexos causais, seus tempos de ação e reação, o tempo de percepção de resultado em função do que pretendemos, para atingirmos o que queremos.

E para isso há um segredo: a magia tem manual, tem receita. É preciso entendê-la e segui-la.

3.1 Siga as regras

Uma coisa que poucas pessoas se dão conta é que as bruxas também seguiam protocolos. Há manuais de bruxaria, o que corrobora com a ideia aqui trazida que tudo depende de leis para se realizar.

Para que a magia das bruxas possa dar certo, se tiver escrito para colocar uma perna de morcego, não adianta colocar duas, tampouco colocar a perninha de um canarinho (o exemplo, do ponto de vista do sistema ecológico é horrível, mas é assim que funcionava).

Se a receita disser que se deve mexer a mistura no caldeirão por 15 minutos, não adianta mexer 10.

Da mesma forma, a administração tem suas regras, a saúde tem seus preceitos, assim como a engenharia, a arquitetura, o processo pedagógico...

A grande descoberta dos últimos 100 anos (um pouco mais, até), é que o sucesso também tem. Os estudos mais modernos de física quântica reafirmaram e ampliaram esse entendimento. Se é assim, então por que muitos ainda acreditam que não são mágicos?

3.2 Por que não somos mágicos?

Um dos capítulos do livro Quem Somos Nós (ARNTZ, 2007) traz esta reflexão: por que não somos mágicos? A verdade é que tratamos a magia de uma forma que foge a realidade. Isso tem muito a ver com a questão da quimera, da utopia. A ideia é a mesma. O que pode ser considerado magia hoje, talvez não o seja no futuro.

O fato é que, como retratado na história do Capítulo 2 (Faz um milagre em mim), muitas pessoas revoltam-se com Deus quando as coisas dão errado para ela. Querem milagres (No sentido da percepção de fatos extraordinários para a pessoa) o tempo todo. Aliás, por que hora acontecem milagres, hora não? Quais serão os parâmetros de julgamento de Deus para agraciar alguns com um milagre e qual parâmetro para não fazê-lo para outros?

Sinceramente, não é essa a forma de pensar. O que ocorre é que, para que o milagre aconteça, algo a mais tem que acontecer. Ainda não vi uma pessoa ser curada de uma doença grave, por exemplo, sem o mínimo cuidado – se Deus opera os milagres (e isso é uma questão de crença e eu acredito nisso), o faz através de nossas mãos, de nossas ações, dentro das leis definidas por ele.

O fato é que, independente de crenças, os milagres, as magias, que sejam, obedecem a uma regra, uma lógica. O que faz com que classifiquemos assim é o desconhecimento dessa lógica.

Quando estamos expostos a fatos que nos afetam e que, muitas vezes, não aceitamos, acabamos por dizer: isso não tem lógica. Na verdade tem. Mário Sérgio Cortella conta que um discípulo de Jacques Cousteau (COUSTEAU apud CORTELLA, 2005) perguntou a ele se, caso caísse na água, o tubarão o devoraria. O mestre, então, disse que sim. O discípulo, insistindo, ainda, perguntou: "e se ele tivesse acabado de comer e estivesse sem fome, ainda me devoraria?

Sim, respondeu Cousteau. "Mas isso não tem lógica", disse o rapaz. Jacques Cousteau, então falou: "Tem, sim. É a lógica do tubarão!".

A magia está diretamente ligada à ideia da lógica do tubarão. É uma lógica própria e que desconhecemos. Então, é uma associação direta com aquilo em que acreditamos ser possível, mesmo sem sabermos como poderá acontecer (qual a lógica). A crença, dessa forma, permite que o universo conspire para que aconteça aquilo que queremos e, ao mesmo tempo, nos abra para enxergamos as possibilidades de realizarmos o nosso sonho, o nosso desejo.

Se assim é, fica a pergunta: a fé move montanhas?

3.3 A fé move montanhas?

Dizem que a fé move montanhas. E move mesmo. Mas elas não se movem sozinhas, por si. Quando nos abrimos para enxergarmos as possibilidades, podemos, por exemplo, ter a ideia (universo conspirando) de pegar um trator e mover a terra, as pedras, parte a parte, de um lugar para outro. Vai demorar um pouco, mas a montanha poderá mudar de lugar. E só foi possível fazê-lo porque, em princípio, se acreditou. Aí, as soluções afloraram.

Aliás, imagine um trator com ar condicionado, movido a diesel, há mil e quinhentos anos, por exemplo, fazendo esse trabalho. Seria um negócio sobrenatural para os viventes da época. Seria o milagre, a magia, assim como os sumérios que previram que "deuses" se comunicariam por todo o planeta usando a voz, como já tratado neste livro.

Nada mais que a invenção do rádio (que, para nós, é algo simplório, mas não o era para os seres humanos do século XIX para trás – era magia). Imagine você que, num mundo quase sem nenhuma tecnologia como as que vemos hoje, pessoas, quando ligavam uma caixa, ouviam vozes. "Sinistro"! Hoje é coisa banal.

A questão é que esse caminho (entre o sinistro e o banal) só foi construído porque pessoas acreditaram ser possível realizar.

E assim, processos aconteceram (mesmo que a pessoa desconhecesse quais) e oportunidades se clarearam para que a realidade mudasse.

O poder da magia começa no acreditar ser possível. Henry Ford já dizia: "se você acreditar que pode, você está certo; se acreditar que não pode, também está certo". E, se acreditar que pode, é preciso se colocar em ação para realizar os seus desejos.

O grande erro das pessoas é acreditar que basta acreditar. A chance de que alguém faça por você é muito pequena. Devemos lembrar que na Genesis não está escrito que Deus acreditou que poderia fazer a terra, a luz, as águas, os animais e os homens e tudo se fez do nada.

Diz que ele criou, agiu, fez (e achou que era bom). E se desgastou tanto, que usou o sétimo dia para descansar. O fato é que nada muda sem processo, sem ação. Nem os milagres acontecem sem eles. Até Jesus, passou por um processo de concepção e gravidez. Ou seja, até Deus, para se tornar humano, passou pelo processo de desenvolvimento e nascimento.

Portanto, é importante entender que a magia pauta-se em procedimentos e este obedece a uma lógica (que podemos conhecer ou não). Então, somos mágicos!

CAPÍTULO QUATRO

29

Você é mágico!!!

4 VOCÊ É MÁGICO!

Na verdade, nós não precisamos nos tornar mágicos. Já o somos!!

Nós nos desformamos, nos desfazemos como tal. Esse fato é evidenciado nas crianças. Para elas, tudo pode. Não importa qual a cor, casta, crença, classe social, a criança crê que pode tudo. Para ela, ser médico, empresário, lixeiro, gari, tanto faz. Ela não tem distinção e externaliza as suas vontades.

O que vai desfazendo a capacidade da magia é a ação dos adultos em insistirem na ideia de que ela não pode, de que o mundo dela é aquele em que vive.

Em um texto atribuído a Shakespeare há um trecho mais ou menos assim: "um dia você [...] aprende que nunca se deve dizer a uma criança que sonhos são bobagens; poucas coisas são tão humilhantes... e seria uma tragédia se ela acreditasse nisso." As grandes realizações que temos no mundo vêm de pessoas que não creram que não se deve acreditar em seus sonhos, não importando quem, nem qual, seja.

O que ocorre é que o cérebro humano é uma miniatura do infinito, portanto, tudo cabe, tudo pode (ao seu tempo e processo de construção, lembre-se disso).

Outra questão importante é que não sabemos do que somos capazes. Temos aqui dois casos reais muito impactantes que nos mostram que o nosso poder é ilimitado:

O primeiro ocorreu em 1996, nos EUA. Uma família brasileira estava viajando por lá, quando um de seus filhos, um menino de 7 anos, foi atacado por um crocodilo. O pai e a mãe não pensaram duas vezes, enfrentaram o réptil e salvaram o filho.

Dentro da nossa experiência e conhecimento das duas espécies, sabemos que, teoricamente, o pai e o filho deveriam ser devorados pelo réptil gigante.

Para que os pais ganhassem a batalha, tiveram que lançar mão de uma força sem tamanho. Ela estava latente e aflorou em uma situação limite.

Temos outro caso de uma mãe, em Franca, São Paulo, no ano de 2007 que, sem saber nadar, teve a coragem de entrar em um reservatório de água para salvar seu filho do afogamento. E o fez brilhantemente.

Se isso ocorre em fatos extremos, por que não conseguimos essas proezas nas coisas mais simples?

No fundo, temos uma força interior muito bem guardada e podemos lançar mão delas para usarmos. Quando renegamos a ideia de sermos mágicos, ela se fecha em cadeados.

REGRA 02

Acredite que você é mágico.

COMO TRANSFORMAR SONHOS EM OBJETIVOS

CAPÍTULO CINCO

Deixe de ser vítima!

5 DEIXE DE SER VÍTIMA

Muitos se vangloriam de serem vítimas. Vivem dando desculpas pelos seus fracassos e insucessos. Travam os relacionamentos na condição de "pena". A questão é que, uma das piores coisas que um ser humano pode ter por outro é pena.

Ter pena é acreditar na pequenez do outro, em uma condição de incapacidade, de fraqueza plena. Importante salientar que fraqueza todos nós temos, é normal, mas fica restrita a fases da vida e a algumas questões próprias, não à completude do ser.

O fato é que, de vez em quando, ser vítima até funciona. As pessoas ajudam aqueles que estão em condição desfavorável.

Agora, com o passar do tempo, as pessoas também percebem as atitudes desse tipo de gente. Veem que eles mesmos bloqueiam o seu próprio crescimento e ficam dependentes, escravizados, até, pela ajuda que recebem.

Uma das coisas que aprendi à duras penas foi que era preciso tomar posse da minha própria vida. E cada um deve fazê-lo da sua.

Somos fruto do que vivemos e criamos até hoje. Seremos a partir do que vivermos e criarmos a partir de hoje.

Portanto, o seu caminho é você quem deve construir. E isso deve ser feito partindo da vida que você quer ter, não da que acha que é possível, dentro das condições atuais.

E isso não significa que não haverá dificuldades. Elas ocorrerão. O que não podemos é nos vitimar com elas. Não podem ser as nossas desculpas por desistirmos.

Ivete Sangalo (VALLE, 1999), em Se eu não te amasse tanto assim, nos mostra como passar por esse caminho difícil. Ele parte do objetivo, do sentimento: se eu não te amasse tanto assim (o amor como fonte de motivação realizadora), talvez não visse flores por onde eu vim (saber o que se quer, torna possível enxergar a beleza do caminho, mesmo nas dificuldades).

Vai haver espinhos. É fato. Mas eles são o caminho para as flores.

Haverá pedras no caminho. E serão muitas. Mas, será que elas não serão o de caminho das pedras?

Assumir os erros e fracassos faz com que ganhemos o poder de gerenciar a correção.

Quando somos vítimas, a solução está do lado de fora, sem a nossa governança.

Aí, ao perdemos o poder de decisão, ficamos à mercê de forças externas, dependemos dos outros.

Eles, então, poderão decidir por nós, para nós ou contra nós. Tomar para si a solução dos seus problemas torna-os mais leves, exatamente por depender essencialmente daquilo que você quer fazer.

REGRA 03

Não se considere vítima, tome posse da sua própria vida.

CAPÍTULO SEIS

Você acredita ou não?

6 VOCÊ ACREDITA OU NÃO?

Para o nosso cérebro, acreditar é como uma mulher estar grávida: não tem meio termo! Ou está, ou não. Ou você acredita, ou não.

Ao menor sinal de dúvida sobre alguma coisa, o cérebro entende como se não acreditasse.

Por isso, precisamos dar atenção à confusão que fazemos com o nosso sistema de crenças, que é a base para a nossa tomada de decisão. Importante dizer que ele não se refere à crença religiosa, embora ela esteja dentro, mas em tudo o que acreditamos). O sistema de crenças determina, muitas vezes involuntariamente, o que fazemos.

Ele é criado, basicamente, por quatro circunstâncias:

1) o ambiente onde fomos criados, ou seja, os adultos insistem em ações para que percebamos a qual ambiente pertencemos (a qual raça, a qual casta, em qual ambiente geográfico etc.), e assim o fazem para que nos coloquemos no mundo, como se isso fosse algo extremamente determinante para o nosso futuro – e, como já disse em relação ao texto atribuído a Shakespeare, seria uma tragédia se todas as crianças acreditassem nisso;

2) o segundo diz respeito aos acontecimentos em nossa vida e aos

conselhos que recebemos (e que são dados pelas pessoas em função das percepções que elas têm do que ocorreu com elas, não com os fatos em si, ou seja, por via de suas próprias crenças), então, conforme vamos vivendo situações, vamos criando uma teoria genérica sobre aquele fato e acreditamos que em todas as ocasiões essa lógica se repetirá. Mas, nem sempre é assim!

3) o terceiro é a questão do conhecimento que vamos adquirindo durante o nosso percurso, ou seja, conforme vamos aprendendo, vamos elaborando teorias e mudamos a forma como acreditamos nas coisas, como por exemplo: antes de fazer faculdade de odontologia (sim, também sou cirurgião-dentista – não praticante atualmente), não estava nem aí para o flúor; saí dela defendendo-o "até a morte"; estudando outras perspectivas, até hoje não vi ninguém explicar e demonstrar realisticamente o caminho que ele faz para chegar ao dente ao ser ingerido com a água; mas, por fortalecer o esmalte, que possui quase que características de pedra, acredito – e posso estar errado, assim como quem acredita ao contrário de mim – que ele possa petrificar órgãos por onde passa dentro do nosso organismo, também. Assim, conforme vamos estudando, vamos mudando os nossos conceitos (que é o que acreditamos) e, com isso, mudamos nossas ações, nossas atitudes;

4) o quarto item diz respeito ao futuro, ou seja, o que visualizamos para nossas vidas. Dois fatores, aqui, são preponderantes: o primeiro é que podemos dizer que o universo conspira quando queremos algo fortemente (guarde isso) e o segundo é que abrimos nossas antenas para visualizarmos oportunidades sobre aquilo (o que não fazíamos quando não pensávamos no que queríamos). Assim, quando acreditamos ser possível a aquisição de um imóvel, por exemplo, começamos a buscar as alternativas e as condições (antena ligada) para que ele se apresente a nós.

O quarto item, a visualização, é que nos leva à vida que queremos ter.

Com isso, colocamos em ação a força motriz da vontade (o querer algo fortemente) e direcionamos nossas ações que, em conjunto com o que chamamos de coincidências (co=junto; incidência=acontecimentos – ou seja, acontecimentos juntos), criam as condições para a realização do nosso sonho.

Juntando tudo isso, fica fácil embaralhar esse nosso sistema de crenças. Ao mesmo tempo que vemos a possibilidade de ter a vida, a coisa, e de estarmos com a(s) pessoa(s), que queremos, já nos vem as condições atuais para nos atormentar. Acreditamos e desacreditamos ao mesmo tempo.

Quando pensamos no apartamento, antes de nos impulsionarmos, pensamos no nosso salário atual (e acreditamos que ele será para sempre assim), na nossa posição social (e acreditamos não podermos sair dela), nas dificuldades da negociação, no tempo despendido para arrumarmos a documentação, a complexidade da mudança e tantas coisas mais.

Aí criamos as condições para desistirmos. Não que não haja problemas, mas, quando queremos algo, temos que avaliar todas as possibilidades e todo o cenário para criarmos as condições favoráveis para conseguirmos. Lembrando: o caos é um grande supermercado: é preciso ir lá e escolher os produtos em função daquilo que você quer.

Veja, uma coisa é focar nas dificuldades (sim, elas existem); outra é focar no objetivo (sim, é possível atingi-lo).

Quando focamos nas dificuldades, embaralhamos o nosso sistema de crenças (é como se quisesse e, ao mesmo tempo, não).

Quando focamos no objetivo, vemos as dificuldades, mas direcionamos nossas ações para superá-las. Miramos! Isso é milagre, é mágico

Quando focamos no objetivo, vemos as dificuldades, mas direcionamos nossas ações para superá-las. Miramos! Isso é milagre, é mágico.

REGRA 04

A visualização sem amarras te leva ao poder de enxergar, sem "préconceitos", a vida que quer ter.

CAPÍTULO SETE

49

Você pode aprender o que quiser

7 VOCÊ PODE APRENDER O QUE QUISER

Para sermos, ou fazermos algo, precisamos de conhecimento. Esse fato é uma das amarras mais importantes, pois, mudar de profissão, de vida, traz uma carga de dedicação muito grande. Aprender a aprender é a arte de poder mudar para vida que você quer. Adquirir novos conhecimentos é a chave do processo de desenvolvimento da humanidade. Porém, temos dois tipos de problemas.

O primeiro é pessoal. O ser humano sempre quer mudança, mas, ao mesmo tempo, tem uma resistência incrível em mudar hábitos, em acreditar em coisas diferentes daquelas que já estão estabelecidas em seu cérebro (é aquela história do "todo mundo quer ir para o céu, mas ninguém quer morrer").

Einstein já dizia que insano é aquele que quer ter resultados diferentes, mas continua fazendo as mesmas coisas.

Assim, quando algo novo, revolucionário, aparece, tendemos a não aceitar, e até mesmo a destruir toda a tentativa de argumentação daquela pessoa, ou meio, que traga essa nova forma de enxergar uma situação.

Quando precisamos de novos conhecimentos, desistimos da ideia de aprender por conta do processo de dedicação que se faz necessário.

O fato é que novos conhecimentos nos tiram da chamada zona de conforto, pois desestruturam o pensamento. Só que, ao pagarmos o preço de passarmos pelo processo, teremos uma outra estrutura mais adaptada à nova realidade.

O segundo é externo. Assim como na Inquisição, quando as estruturas de poder e religiosas abominavam o acesso a conhecimentos novos, hoje, por incrível que possa parecer, isso ainda acontece. E ocorre por vários fatores, seja por ideologia (até negando a ciência), seja por medo de ser superado e perder o cargo ou posto social, seja por reserva de mercado, seja, até, por ignorância do processo de ensino-aprendizagem.

Para nos imunizarmos desses problemas, temos que entender que uma autoridade em qualquer assunto não é sumidade. Ela não sabe tudo.

Aliás, todo conhecimento científico assim o é porque passou por experimentos, testes e contra testes. A partir de métodos preestabelecidos, se chegou a um resultado probabilístico. Pode ser uma verdade. Pode não ser a única. Se mudarmos os critérios e os métodos, os resultados podem mudar.

Importante ressaltar que não falo dos outros, falo de mim, também. Sou formado em administração de empresas com ênfase em marketing, especialista em gestão de pessoas para qualidade e em fundamentos para a educação a distância, além de mestre em educação. Ser autoridade nessas áreas não me confere o poder de tudo saber.

Assim, é imprescindível ouvir as pessoas que têm vivências e ideias diferentes, mesmo as não testadas cientificamente. Aliás, a prática da ciência não existe para trazer a verdade, mas para sempre estar se perguntando, em busca da descoberta de novas leis que possam melhorar as nossas vidas (e serem novamente questionadas).

Vale lembrar que, em essência, temos dois caminhos a percorrer na ciência: provar que é e provar que não é. Muitas vezes, por falta de estudos para provar que é, aceitamos que não é. Aqui há muito espaço para o novo.

Portanto, aquilo do qual não temos provas que não é, não podemos dizer que não possa ser, mesmo que fuja a uma lógica. Pode se aplicar outra lógica aqui. Lembra-se da lógica do Tubarão?

Quantas vezes vivi isso com meu pai em assuntos que eu dominava e ele não! Eu ia tentar algo e não dava certo. Aí vinha ele e falava: por que você não faz tal coisa. Não fazia a menor lógica (eu não conhecia a lógica do tubarão na época).

Mas, de tanto ele falar, eu tentava o que ele estava falando. E dava certo!!!!

Ele agia em outra lógica. Assim, quanto mais ficamos presos às nossas lógicas, mais perdemos de perceber outras oportunidades, outros caminhos, novos resultados.

Um outro fato ocorreu em uma palestra que assisti com um dos melhores médicos que conheci até hoje, o Dr. Cálix, médico antroposófico.

Ele contou um caso de um bebê, recém-nascido, que ficava em uma determinada posição. Não havia meio de mudá-la. A equipe médica não sabia mais o que fazer. Ai, um residente observou que um ursinho de pelúcia estava sempre perto do bebê e a posição dele era exatamente igual à do urso. Foi só tirar o objeto que o bebê parou de ficar daquela forma. Absurdo pensar nisso. Dificilmente, pela complexidade das informações no cérebro deles, um "mega" especialista conseguiria perceber tal correlação.

Outro caso, muito conhecido no meio empresarial, foi de uma empresa de creme dental que estava com um problema sério de embalagens vazias chegando aos lojistas. Muitos estudos feitos, muito investimento em pesquisa e conseguiram uma balança de precisão na esteira, de modo que, ao passar uma caixa sem o peso do creme dental, um dispositivo a empurraria para fora.

Certa época deu um problema nesse sistema. Os engenheiros e técnicos entraram em imersão para tentar resolver o problema. Porém, inexplicavelmente, as embalagens vazias continuavam sendo descartadas. Aí, os diretores desceram na fábrica para ver o que estavam ocorrendo.

Quando chegaram lá, viram os funcionários com um ventilador mirado na esteira. Aí, a caixa vazia, leve, era expulsa pelo vento. As caixas com creme dental, por sua vez, passam direto. Problema resolvido.

O que tudo isso quer dizer: você pode pensar sobre algo, mesmo não sendo especialista. Por tornar-se, também, se quiser, e se preparar para isso. Então, não podemos deixar que as pessoas não possam mais pensar. Não podemos deixar de pensar porque não dominamos um assunto, à princípio.

Vale lembrar que isso não tira a importância do especialista. Este é uma pessoa que se dedicou, se desenvolveu e buscou o conhecimento. CUIDADO: O conhecimento é importante!!! O que não podemos é, ao chegar a determinado nível, acreditarmos saber tudo.

O especialista assume enorme importância quando ele te mostra o caminho do que pode. Mas, nem ele, nem eu, podemos dizer o que você não pode! É essa a mensagem desse capítulo!

Não permita que alguém lhe diga que você não pode, que algo não dará certo! Experimente!

É como diz Renato Russo e Flávio Venturini em Mais uma vez (RUSSO, 2000): "nunca deixe que lhe digam que não vale a pena acreditar no sonho que se tem; ou que seus planos nunca vão dar certo; ou que você nunca vai ser alguém".

Claro que não falo aqui de medicamentos. Tomar medicamentos não estudados, não comprovados, pode colocar a pessoa em risco, tanto pela ineficácia (fator sine-qua-non, tanto que se estuda os efeitos placebo), quanto pelos efeitos colaterais.

De qualquer forma, é preciso buscar novas lógicas. Guilherme Arantes tem uma canção intitulada Tão Blue (ARANTES, 1995), que diz assim: "a lógica dos outros não funciona para nós". A inovação depende de novas lógicas. Acreditar em uma vida nova, também!

O indiano Mohanbir Sawhney (SAWHNEY, 2011), grande especialista em marketing e inovação da Kellogg School, nos mostra que a essência da inovação em si, por incrível que possa parecer, é pífia. A internet, por exemplo, funciona sobre a base da energia elétrica, do rádio, do cabo de TV, ou do telefone.

Quando o especialista diz o que fazer, vale ouvi-lo. E é isso que diz Sawhnev (2011), em outras palavras: precisamos buscar mais conhecimento a partir daquilo que temos como ideia nova, mesmo que isso se confirme como um erro.

É preciso permitir que as pessoas ditas comuns pensem. Elas têm muito a agregar por desconhecerem uma lógica construída. Podem pensar a partir de outra. E isso pode mudar a forma de ver a vida. E, principalmente, chegar à vida que ela quer ter.

Não faz muito tempo foi publicada a história de um pai que, em vista de tanta negativa de estudo dos pesquisadores, se juntou a um amigo médico e desenvolveu um remédio que mantém seu filho vivo há mais de 14 anos! E agora, diante dos fatos e dos estudos (não necessariamente nessa ordem), a ciência diz que o remédio pode ser eficaz! Uma outra lógica traz resultados diferentes.

Então, busque novos conhecimentos, estude, questione, valorize a sua experiência. Há um método científico desenvolvido por Goethe e aperfeiçoado por Rudolf Steiner, a fenomenologia, que valoriza muito a vivência: é uma outra lógica.

Nisso tudo, é importante entender que bom não é aquele que tem a resposta, mas o que sabe fazer a pergunta certa e, a partir dela, buscar uma nova maneira de pensar e de fazer (e que um dia descolorirá!). Assim, livre para pensar, você pode aprender o quiser. Pode fazer (com responsabilidade, sempre), mesmo quando a lógica posta diz que não.

É claro que não deve fazer o que a lógica posta provou que não dá certo no momento. Mas, mudando-a, usando outro método, pode-se tornar o impossível, viável.

Por exemplo: pode-se pular, de mais de 3 metros altura, sem se machucar ou morrer? Sem equipamentos, não. E de um avião ou montanha? Também não. Mas, com paraquedas, asa delta (ou similares), e muito, muito treinamento, pode. Não se pode ser tolo de, por apenas acreditar, você poder pular sem nenhuma proteção, que nada irá acontecer. A crença é a porta de entrada para se encontra a solução para o problema, não para cegar.

Quando a lógica posta não funciona para a vida que você quer ter, é preciso buscar a sua lógica do tubarão!

REGRA 05

Nunca deixe que lhe digam que você não pode! E, para poder, é preciso aprender.

CAPÍTULO OITO

59

Ser mágico não é pecado

8 SER MÁGICO NÃO É PECADO

O contrário é verdadeiro. Não sê-lo, é! Como já vimos, cocriar é coisa de Deus. Não realizar é abrir mão da Divindade presente em você. Considere os mágicos pessoas assustadoras e creia ser perigoso ser mágico. Faça isso e abra mão da presença de Deus em sua vida!

Existem pessoas que possuem uma iluminação interior intensa. São seres especiais. Procuram colocar os outros para cima, instruem, fazem acontecer.

Obviamente, por serem assim, alteram o status quo, causando desconforto na suposta ordem estabelecida. Muitas dessas pessoas, na idade média, eram chamadas de bruxas e, por isso, queimadas.

Assim ficamos com a crença de que trabalhar com as leis e regras naturais é algo temeroso, que nos faz pessoas de má índole, perigosas. É obvio que existem aquelas que usam as leis naturais para o mal. Mas, não é dessas que estou falando. Não é para elas que trabalho, que escrevo, que falo, muito pelo contrário.

Falo daquelas que, por saberem utilizá-las, atingem resultados exuberantes tanto para si, quanto para os outros. Precisamos lembrar que as leis naturais, por assim serem, são Divinas.

Assim como tudo que é natural, podem ser utilizadas para o mal.

Mas, também, podem ser utilizadas para o bem. É disso que não podemos abrir mão!

Um dos hábitos que temos que mudar em nossas vidas, para termos a vida que queremos ter, é o da inveja, do incômodo com o sucesso alheio.

É importante, a princípio, não nos incomodarmos mais com as pessoas extraordinárias. Isso não leva ninguém a lugar nenhum. Pelo contrário, nos faz infelizes, desgostosos com a vida, pessimistas. Precisamos, isso sim, tomá-las como exemplo.

Gosto muito de um verso do Guilherme Arantes, na música Grafite (ARANTES, 1995), no qual ele diz: "incomoda muita gente se você vai fundo no que faz; incomoda o seu caminho diferente; incomoda o ser humano singular". Queremos respeito pelo que somos, pelo que fazemos, pela nossa individualidade, mas, contraditoriamente, ao mesmo tempo, queremos, do outro, um ser humano massificado, que pense como pensamos, que aja como agimos.

Precisamos respeitar e aprender a aprender com quem sabe fazer acontecer. Tendemos a dizer que as pessoas de sucesso tiveram sorte na vida. E há uma grande diferença entre sorte e boa sorte, muito bem caracterizada no livro A Boa Sorte (CELMA, 2004).

A sorte advém do acaso e, por isso, navega nas águas da aleatoriedade. Aqui, ficamos a mercê da probabilidade, quando muito. Muitas vezes, nem isso: muitos querem ganhar na loteria, mas não jogam. Chance zero!

Por sua vez, a boa sorte advém da construção das estruturas necessárias, da manipulação (no sentido de manusear, manejar) para que as coisas aconteçam.

A boa sorte é fruto de um trabalho de cuidado e criação do ambiente. É isso que o mágico faz. Cuida do ambiente. Sabe quando as plantas florescem. Sabe que não adianta puxá-las para que cresçam, mas sabe que deve regar a terra, cuidar para que as ervas daninhas não ataquem a plantação. Sabe a hora de agir e a hora de esperar.

Assim, o resultado vem como algo mágico. Para os olhos dos outros, como bruxaria, como coisa do inferno. E, como as pessoas assim consideram, muitos ficam com medo do sucesso, como se estivessem fazendo algo errado. Não nascemos para o sofrimento. Somos vencedores.

Augusto Cury (CURY, 2001) fala sobre a vitória da maior batalha da vida: a concepção. Aquele óvulo já estava lá, mas, para que sejamos quem e o que somos, foi a vitória daquele espermatozoide, dentre milhões, que fez isso acontecer.

E ele completa dizendo que Deus não perderia tempo criando perdedores. O anti-divino é o abrir mão da "luta", da experiência do que é bom, do que é correto, da busca da felicidade, do tentar, do novo, da criação.

Veja os versos do grande poeta brasileiro (mato-grossense) Manoel de Barros (BARROS, 2016):

O olho vê,
A lembrança revê,
E a imaginação transvê.
É preciso transver o mundo.
Isto seja:
Deus deu a forma.
Os artistas desformam.
É preciso desformar o mundo:
Tirar da natureza as naturalidades".

Ser mágico é ser artista, desformar o mundo dentro das formas dadas por Deus, ou seja, usar as leis naturais a seu favor e ao dos outros, além de ensinar a utilização delas.

Isso não é, e não pode ser algo ruim, perigoso. É tirar da natureza as naturalidades, transvendo o mundo, enxergando além do visível a olho nu.

REGRA 06

Elimine o medo de ser mágico. Acredite: você é!

CAPÍTULO NOVE

9

Não minta!

9 NÃO MINTA

Em nenhuma hipótese!!! Obrigue-se a não mentir. Em primeiro lugar, precisamos entender o que é e como funciona a mentira. Muitos acreditam que a verdade e a mentira são coisas absolutas. Não são.

É fato que existe uma verdade absoluta, um acontecimento, fatos. O que ocorre é que as pessoas podem ver as mesmas ocorrências por ângulos diferentes, muitas vezes contraditórios, e as duas acreditarem estar diante da verdade do fato.

A verdade dentro de cada um está diretamente ligada àquilo que chamamos de sistema de crenças (visto no capítulo 6). E é aí que o tal detector de mentiras funciona.

Este aparelho não tem como medir a realidade dos fatos, a verdade. Ele trabalha exatamente na comparação entre a sua fala e aquilo que você acredita ser a verdade.

Você pode estar falando a maior mentira do mundo, mas, acreditando nela, passa como se estive dizendo a verdade.

O contrário também é verdadeiro: você pode falar uma grande verdade, mas, por achar que as pessoas não vão acreditar (exatamente porque o senso comum enxerga as coisas diferentemente do que você diz), parece que você está mentindo.

Por isso, não podemos nos colocar à mercê do que os outros vão pensar. Vale a verdade, independentemente da aceitação social ou de um grupo.

Quando deixamos nos levar pelo medo da verdade, embaralhamos sobremaneira o nosso sistema de crença. Por exemplo, na entrevista de emprego, recebemos dicas, dos próprios profissionais de RH, de como nos comportarmos à frente do entrevistador.

Eu, como profissional da área, sempre contrapus essas orientações porque, na verdade, a mensagem subliminar que fica é: minta; seja uma personagem! Ganhe a vaga, depois, é outra conversa. Por isso, a pessoa deve ser ela mesma. O entrevistador deve estar preparado para isso. Não adianta falar para o indivíduo ser ele mesmo, mas julgar pelas orientações e aceitações massificadas no meio, exigindo um grau de interpretação teatral.

Na publicidade, também, alguns são tentados a criar mensagens dúbias para atrair o consumidor. Não é a prática da ciência da publicidade. Só digo que há quem faça. E quem assim faz, cai em erro. A "esperteza" tem consequências.

Peter Senge, em A 5ª Disciplina (SENGE, 2017), diz que toda vez que empurramos um problema para o sistema, ele empurra de volta para nós.

Uma publicidade malfeita, por problema de falta de clientes, pode chamar a atenção, mas, certamente, gerará clientes insatisfeitos que usarão o boca a boca, não para criar um efeito em cascata positivo, mas para denegrir a empresa.

Assim, a posição final é pior do que antes de iniciar o processo.

Outra questão da "esperteza" é encontrar subterfúgios (mentiras) para vender mais. Gera inconsistência e incoerência no sistema de crenças, também.

É como no caso clássico que vemos em livros e palestras, das pessoas vangloriando uma funcionária que, ao ouvir a discussão da diretoria sobre a queda no rendimento e nas vendas de uma indústria de creme dental, deu a ideia de aumentar o diâmetro do bico da pasta, obrigando as pessoas a usarem mais do que o necessário.

Assim vende-se mais, usa-se mais embalagem, portanto, polui mais o meio ambiente. E ficamos, ao mesmo tempo, falando em sustentabilidade do planeta. Embaralha o sistema de crença.

O fato é que não devemos fazer ou falar só para agradar aos outros. Vimos no capítulo 6 deste livro como o sistema de crenças é importante para as nossas realizações. Não conseguiremos ser mágicos se mentirmos para nós mesmos.

Imagine você querendo algo, porém falando e agindo contrário a isso. Não há conspiração universal que resista. Haverá fortes ruídos nos sinais sobre aquilo em que deveria estar "antenado".

Assim, se quiser ser mágico, fazer acontecer, ter a vida que gostaria de ter, siga o que diz Maria Gadú (CORREA, 2010) em Shimbalaiê: "Ser capitã desse mundo / Poder rodar sem fronteiras / Viver um ano em segundos / Não achar sonhos besteira / [...] /quando mentir for preciso, poder falar a verdade!".

Por isso, e principalmente para não confundir seu sistema de crenças, para ter a vida que quer ter, é preciso sempre dizer a verdade.

REGRA 07

Realizar é tornar real, portanto, não cabem mentira!

CAPÍTULO DEZ

75

Olhe para dentro de si

10 OLHE PARA DENTRO DE SI

Sempre olhe para dentro de si.

A grande verdade é que, como já dito neste livro, desconhecemos a força interior que temos. Como não olhamos para dentro de nós, infelizmente ela só aflora diante das grandes necessidades, dos grandes perigos, naqueles momentos em que nos resta fazer aquilo que tem que ser feito.

Fomos treinados pela sociedade a olhar só para fora de nós. Muito do que nos foi ensinado a não fazer, não era porque não podíamos fazer, mas porque os outros iam falar, ver, julgar negativamente.

Por outro lado, muitos fazem apenas pela recompensa material. As empresas são mestres em cultuar esse comportamento ao oferecer prêmios para o bom desempenho.

Temos que atingir resultados porque estamos ocupando um posto de trabalho para isso, não para ganhar prêmios. Já temos a contraprestação ao receber o salário. Não deveríamos nos motivar pelos prêmios. Não deveríamos propor motivação pelos prêmios. É um crime contra a humanidade de cada um. Quando assim o fazemos, estamos, cada vez mais, perdendo a capacidade de olhar para dentro de nós.

Fazer publicidade é a mesma coisa. Ela existe para vender, para trazer resultados para o cliente, não para ganhar prêmios (este deve ser consequência).

Devemos aprender a fazer algo porque tem que ser feito. E isso só vem com a força interior. Por sua vez, não devemos deixar de fazer algo que não se deva fazer, só porque os outros estão olhando.

Belchior foi muito feliz quando compôs os versos de Apenas um rapaz latino-americano (BELCHIOR, 1976), onde diz: "tudo é proibido, aliás, tudo é permitido, até beijar você no escuro do cinema, quando ninguém nos vê".

Temos, só nesses versos expostos aqui, duas lições de olhar para dentro de si. Quando escreveu a música, vivíamos num período de ditadura, onde a repressão era enorme, as regras eram atrozes, a liberdade inexistia.

A primeira lição é sobre esse momento. Ele diz, então, que poderíamos fazer o que tinha que ser feito e que não seríamos punidos se o sistema não soubesse, não descobrisse o que estávamos fazendo.

Dava ideia de olharmos para dentro e eliminarmos o medo, o pânico imposto, como dizia Geraldo Vandré (VANDRÉ, 1979), pelos soldados armados, amados ou não, quase sempre perdidos de armas na mão, praticando a lição de morrer pela pátria e viver sem razão.

Belchior, Vandré, e muitos outros, trabalharam a ideia de que poderíamos fazer da flor o nosso mais forte refrão, de acreditarmos nas flores vencendo o canhão.

A segunda lição é mais libertadora, embora possa parecer o contrário, pois fala exatamente sobre a responsabilidade.

Será que podemos fazer algo só porque ninguém está olhando? Ao invés do beijar, será que podemos trocar por "matar" alguém no escuro do cinema quando ninguém nos vê?

Será que devemos escolher a nossa profissão pelo status que ela nos dá? Será que nossas ações devem ser pautadas no julgamento dos outros? Quando olhamos para dentro, fazemos tudo o que precisamos fazer para o nosso crescimento, para o nosso sucesso e felicidade.

Augusto Cury (CURY, 2001) foi muito feliz quando disse que existe uma voz interior que nos fala o que precisamos fazer, o que precisamos ser, mas é uma voz em um volume muito baixo e a gente não está preparado para (ou não quer, mesmo) ouvi-la.

É preciso parar um tempo (uns minutos por dia, que seja) para dar atenção às coisas que são as nossas verdades. Para crescer é preciso olhar para dentro, ouvir o que precisamos falar para nós mesmos, descobrir quem somos.

Assim, quando olhamos para dentro de nós, acessamos nosso caos, nosso supermercado. Vemos que somos mágicos, que podemos fazer e receber milagres. Entendemos porque pensamos de tal maneira, ou seja, como é formado, e como se comporta, o nosso sistema de crenças. Assim, podemos visualizar um futuro que queremos, sem amarras, pois sabemos que podemos mudar.

Quando chegamos nesse nível, entendemos que temos que aprender, que os conhecimentos são e estão acessíveis a nós, mesmo os mais complexos. É tudo uma questão de pagar o preço de cruzar o caminho, de fazer a jornada. Assim, não deixamos mais que nos digam que não podemos. Depende de nós.

Percebemos que não é pecado sermos mágicos, realizadores, já que, com o olhar para dentro, encontramos Deus em nós, pois somos centelha Dele. Ao nos depararmos com Ele dentro de nós, sabemos que somos de verdade, somos a verdade e que só a verdade liberta.

Livres, voltamos ao início e vemos, conscientemente, os insumos que o caos nos apresenta para um novo mundo, para uma nova vida, para a vida que queremos ter.

COMO TRANSFORMAR SONHOS EM OBJETIVOS

REGRA 08

Olhe para dentro de si e encontre a resposta.

EPÍLOGO

Todos nós deveríamos estar em busca da vida que queremos e devemos ter.

Faço uma imagem da vida de todos nós como um grande quebra-cabeça, onde cada peça se encaixa perfeitamente. A grande questão é que ele está desmontado. Vivemos para montá-lo. E assim o fazemos ao encontrarmos o nosso lugar no mundo.

O caminho para encontramos a nossa casa nesse grande quebra-cabeça é começarmos com um objetivo em mente, ou seja, termos no pensamento a vida que queremos ter. E isso passa por esses 9 princípios:

1. Estar em estado de mindset de crescimento
2. Aceitar que é mágico
3. Deixar de ser vítima
4. Acreditar de verdade (ou não acreditará)
5. Mergulhar no conhecimento (e criar)
6. Se livrar da ideia de que ser mágico não é pecado!
7. Ter um compromisso com a verdade
8. Olhar para dentro de si
9. Criar seus objetivos para a vida que quer ter.

Assim, como vimos, com esses nove princípios tratados e internalizados, podemos mudar muito o nosso comportamento, as coisas que acreditamos, as nossas atitudes. O 9º princípio será a consolidação de todos os outros.

Aí você poderá ver que será possível pensar e fazer coisas surpreendentes, atingir resultados até então improváveis, fazendo o que tem que fazer, chegando onde quer e deve chegar.

É como diz Geraldo Vandré (VANDRÉ, 1979) em Pra não dizer que não falei das flores: quem sabe faz a hora, não espera acontecer!

No fim, é só definir o que quer ser e escolher o caminho! Mas, para escolhê-lo, é preciso entender esses nove passos. Se milagre é mirar, agora, você já pode definir o alvo. Pode escolher!

Boa sorte!

REGRA 09

Crie seu objetivo!

REFERÊNCIAS

ARANTES, Guilherme. **Tão Blue**. Intérprete: Guilherme Arantes. In: Ligação. [S.I.]. Ed. Cast. Sigla. 1995. 1 CD. Faixa 4.

______. **Rolo Compressor** (em cima do silencio). Intérprete: Guilherme Arantes. In: Ligação. [S.I.]. Ed.Cast. Sigla. 1995. 1CD. Faixa 1.

ARNTZ, Willian; CHASSE, Best; VICENTE, Mark.. **Quem somos nós** - Rio de Janeiro: Prestígio Editorial, 2007.

BARROS, Manoel. **Livro sobre nada**. Rio de Janeiro: Alfagara, 2016

BELCHIOR. **Apenas um rapaz latino-americano**. Intérprete: Belchior. In: Alucinação. [S.I.]. Ed. Philips. Philips. 1976. 1 LP. Faixa 1. Lado A.

BERNARDO. et al. **Pensamento**. Intérprete: Cidade Negra. In: Tropicaliente. [S.I.]. Ed. Sony Music. Som Livre. 1994. 1 LP. Faixa 2. Lado A.

CELMA, Alex R.; BES, Fernando T de. **A Boa Sorte**. Rio de Janeiro: Sextante, 2004.

CORTELLA, Mário S.. **Não espere pelo Epitáfio**. Petrópolis: Vozes, 2005.

COVEY, Stephen R. **Os Sete Hábitos das pessoas altamente eficazes**. Rio de Janeiro: Best Seller, 2004.

CUNHA, Antônio G. **Dicionário etimológico da língua portuguesa**. Rio de Janeiro: Lexikon, 2010

CURY, A. **Treinando a emoção para ser feliz**. São Paulo: Academia de Inteligência, 2001

CORREA, Mayra. **Shimbalaiê**. Intérprete: Maria Gadú. In: Maria Gadú. [S.I.]. Ed. Poly Som Com. E Ind. De Plástico Ltda. 2010. 1 LP. Faixa 4.

DEWEC, C.. **Mindset: a nova psicologia do s**ucesso. Rio de Janeiro: Objetiva, 2016

MANZONI, R.. **Pensamento verde**. Intérprete: Grupo Molejo. In: Grupo Molejo. São Paulo: Continental. 1994. 1 LP. Faixa 4. Lado A.

PITTY. **Teto de vidro**. Intérprete: Pitty. In: Admirável chip novo. [S.I.]. Deckdisc. 2003. 1 CD. Faixa 1.

RUSSO, Renato; VENTURINI, Flávio. **Mais uma vez**. Intérprete: Flávio Venturini. In: Flávio Venturini. Rio de Janeiro: Som Livre. 2000. 1 CD. Faixa 15.

SAWHNEY, Mohanbir. **Revista HSM Management**. São Paulo, V. 86, 2011.

SENGE, Peter M. **A quinta disciplina: arte e prática da organização que aprende**. Rio de Janeiro: Best Seller, 2017.

VALLE, Paulo S.; VIANNA, Herbert. **Se eu não te amasse tanto assim**. Intérprete: Ivete Sangalo. In: Ivete Sangalo. [S.I.]. Ed. Universal Music. 1999. 1 CD. Faixa 13.

VANDRÉ, G. **Para não dizer que não falei das flores (Caminhando)**. Intérprete: Geraldo Vandré. In: Geraldo Vandré: Pra não dizer que não falei das flores. [S.I.]. Som Maior. 1979. 1 LP. Faixa 1. lado A

SOBRE O AUTOR

Prof. Coltri Junior é Consultor Organizacional em Gestão; Palestrante; Escritor; Professor Universitário (atuando, ainda, como Coordenador de Cursos de Graduação por 8 anos); Comunicador (internet, radio e TV).

É Mestre em Educação pela Unemat, Administrador de Empresas e Cirurgião-Dentista; Especialista em Gestão de Pessoas para a Qualidade e em Fundamentos para a Didática da Educação a Distância; Auditor Líder ISO 9001 pelo Inmetro; formação completa em Marketing Digital pela Goobec Brasil, a escola de maior referência na área em nosso país.

Já atendeu a mais de 100 organizações em todas as regiões do Brasil, seja em instituições privadas, autarquias e instituições públicas (39 clínicas, hospitais, profissionais e escolas de saúde). Experiência na área de gestão desde 1995; Experiência na área de educação desde 2006; Escritor desde 2010.

Já treinou mais de 15.000 pessoas, entre palestras, treinamentos corporativos, consultorias técnicas e aulas na Educação Superior, seja em graduação e especialização, além das aulas de gestão para o Ensino Médio.

É escritor. Tem 5 livros publicados: Como transformar sonhos em objetivos (NOVO); O que é Trabalho para você?; 1 x 1 – reflexões sobre relacionamentos, sucesso e construção do futuro; Como Estudar no Ensino Superior; Pessoas – foco e desenvolvimento (coautor).

É colunista: dos Jornais A Gazeta (Cuiabá/MT) e O Guaíra (Guaíra/SP); da Editora Umanos (área de Gestão).

Tem como propósito auxiliar no processo de desenvolvimento de pessoas e organizações. É CEO da Nova Hévila Treinamentos. A empresa recebeu esse nome em função da terra de Hévila, onde o ouro é puro. Na Nova Hévila, o ouro está dentro de cada um, ou seja, é o que sabe, o que é e, principalmente, no que cada um pode se tornar. Assim, por meio de palestras, treinamentos e consultorias, em resumo, tem como missão o despertar do ouro que há dentro de cada um.

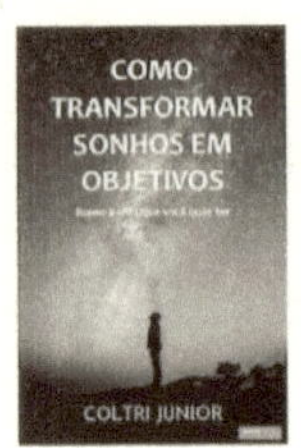   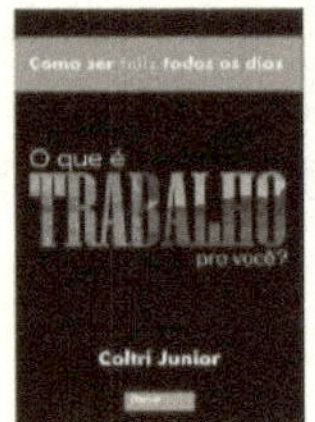 

Whats:

(11) 9-5283-7795

(65) 9-9664-6979

CONTATOS

	https://www.coltri.com.br
	https://cursos.novahevila.com.br
	@coltrijunior
	Https://www.facebook.com/coltrijr
	Https://www.linkedin.com/in/coltrijunior
	Https://www.youtube.com/coltri
	Https://t.me/coltrijr
	Https://www.twitter.com/coltri
	São Paulo (11) 9-5283-7795 Cuiabá (65) 9-9664-6979

VISITE NOSSA ESCOLA ONLINE

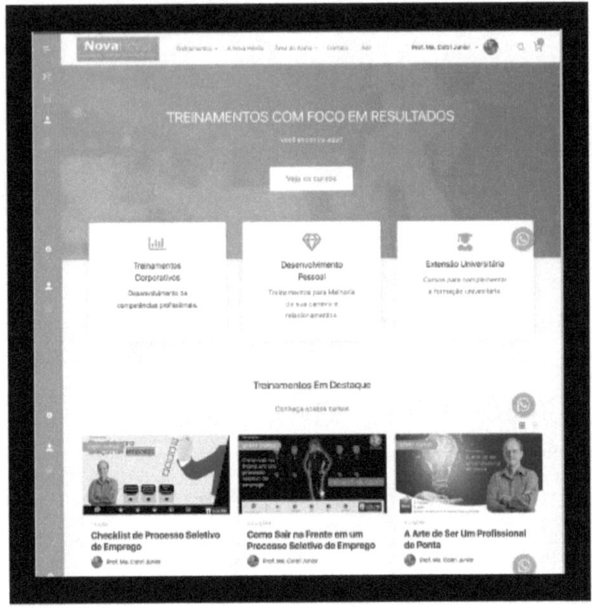

https://cursos.novahevila.com.br

Prof. Me. Coltri Junior

www.coltri.com.br